Contraste insuffisant
NF Z 43-120-14

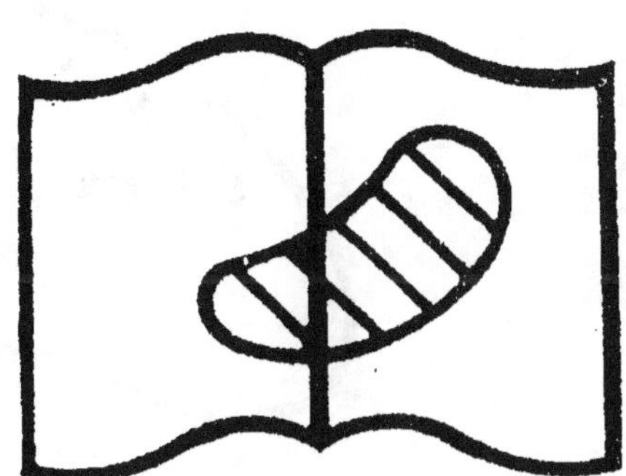

Illisibilité partielle

VALABLE POUR TOUT OU PARTIE DU
DOCUMENT REPRODUIT.

Original en couleur

NF Z 43-120-8

[manuscript annotations: "...wage." and "Hommage de l'auteur. H. Sauvage"]

ÉTUDES DIVERSES.

VI

LE BÉNÉDICTIN

DOM HUYNES

EXTRAIT DE LA REVUE DE L'ANJOU.

ANGERS.

E. BARASSÉ, IMPRIMEUR-LIBRAIRE, RUE SAINT-LAUD, 83.

GERMAIN & G. GRASSIN, SUCC.

1877.

(13)

LE BÉNÉDICTIN DOM JEAN HUYNES

SA VIE, SON ŒUVRE ET SES MANUSCRITS.

Dom Jean Huynes devait naturellement avoir une place d'honneur dans toute bibliographie angevine : cependant, c'est avec surprise que l'on cherche inutilement son nom dans le savant *Dictionnaire historique, biographique et géographique de Maine-et-Loire*. Une réparation est bien due à ce moine qui fut si laborieux et qui a laissé des preuves incontestables d'un immense mérite et d'un rare savoir, dans toutes les provinces qu'il a habitées : qu'on nous permette de l'essayer, ce n'est que justice.

De biographie, à proprement parler, Dom Huynes n'en a pas cependant. Comme tous les hommes dont l'existence modeste s'est écoulée à l'ombre des cloîtres, il a vécu dans le plus complet silence et l'étude, soumis aux règles cénobitiques, et partageant son temps entre la prière et le recueillement de la vie contemplative. En s'éloignant ainsi du monde, les religieux renonçaient aux gloires humaines pour n'aspirer qu'après l'oubli de leurs contemporains. Mais le véritable talent sait toujours se faire connaître, alors même qu'il recherche l'obscurité. Entre tous ceux des bénédictins qui ont donné à cette congrégation célèbre un si vif éclat, il est quelques noms qui ne sont pas restés ignorés ; celui de Dom Jean Huynes doit jouir d'une véritable estime.

Dans quelques lignes seulement, l'histoire littéraire de la congrégation de Saint-Maur, publiée en 1770, par Dom Tassin, résume à peu près tout ce que l'on connaît de notre personnage. Ces indications les voici : « Dom Martin Jean Huynes, né dans la
» ville de Beauvais, prononça ses vœux dans l'abbaye de Redon,
» en Bretagne, le 21 mai 1630, à l'âge de 21 ans. Il aimait la
» solitude et fuyait surtout l'oisiveté. Assidu à l'office divin, ses

» grands travaux pour la congrégation ne l'en dispensaient
» jamais. Il avait du talent et du goût pour écrire l'histoire des
» monastères sur les titres et les pièces originales (1). »

C'est à peu près là tout ce qu'on sait de lui.

Son origine Picarde n'est pas douteuse, car lui-même a pris soin de l'indiquer dans quelques passages de ses écrits. Ainsi dans une introduction, placée en tête d'une vie de saint Bertivin (2), il s'explique en ces termes sur le lieu de sa naissance : « Et pour moy estant Picard de nation, si je voulais entre-
» prendre.... »

Ailleurs, dans son histoire du Mont Saint-Michel, à propos de la rivière du Couesnon, qui sert de limite aux deux provinces de Normandie et de Bretagne, il dit encore : « Et certes pour
» moy, si je voyais ce mont si proche de Picardie que je le vois
» de la Bretagne et qu'il n'y eut qu'une rivière qui l'empeschât
» d'être en Picardie, je souhaiterais volontiers l'esloignement
» de cette rivière, car qui ne serait bien aise d'avoir un tel
» mont en sa province ! »

Enfin, au chapitre III du vi^e traité de son histoire générale de ce même mont, intitulé des Prieurs, qui ont gouverné cette abbaye depuis la Réforme, Dom Huynes précise davantage en nous faisant connaître que comme le R. P. Dom Placide Sarcus, il appartenait au diocèse de Beauvais : « Dom Placide Sarcus, nous dit-il, natif de notre diocèse de Beauvais (3). »

Deux moines du Mont Saint-Michel, Dom Louis De Camps et Dom Thomas Le Roy, qui ont été les heureux continuateurs, pour ne pas dire les copistes et en partie les plagiaires de ses grands travaux historiques et littéraires, ne font aucun doute sur cette origine. Ils constatent également qu'il fit sa profession religieuse dans l'abbaye de Redon, à l'âge de 21 ans, ce qui reporte l'époque de sa naissance à l'année 1609.

Quant à la date de ses vœux solennels, Huynes l'a répétée deux fois dans son histoire du Mont Saint-Michel et dans la

---

(1) *Hist. littér. de la Congrég. de Saint-Maur*, p. 57.
(2) *Bibliot. nationale*, mss. français, n° 18947, fol. 159.
(3) *Bibliot. nat.*, mss. français, n° 18947.

chronique latine qui vient à la suite. Voici ses propres expressions : « Le R. P. Dom Michel Pirou, natif du diocèse de Rouen,
» qui fut un des douze qui veinrent demeurer les premiers de la
» Congrégation en ce mont, et qui y exerça l'office de soubs-
» prieur, du temps du premier prieur, demeura en sa place.
» Iceluy auparavant estoit prieur de l'abbaye de Sainct-Sauveur-
» de-Rhedon, où il me receut à profession de la règle de Saint-
» Benoist, l'an mil six cent trente, le mardy vingt et uniesme du
» même mois de may, dernière feste de Pentecostes (1). »

« Post Pentecosten, Domnus Beda de Fiesques electus est
» prior monasterii Sancti Sergii et Bacchi Andegavensis, Vindo-
» cini, in capitulo generali, et Domnus Michael Pirou, tunc prior
» Sancti Salvatoris Rothonensis, ubi me ad professionem regulæ
» Sancti Benedicti admisit, anno Domini millesimo sexcentesimo
» trigesimo, die martis, in octavis Pentecostes, vigesima prima
» mensis maii, quique fuerat unus ex duodecim qui venerant,
» anno 1622, ad reformandam istam abbatiam, abbatiæ Montis
» præfectus est (2). »

. En dehors de ces quelques passages où Dom Huynes a parlé de lui-même, l'auteur s'efface entièrement ; c'est tout au plus pour garantir la sincérité et l'exactitude de quelques phénomènes célestes et de quelques faits remarquables accomplis sous ses yeux et dont il fut le témoin, qu'on le voit produire ses affirmations (3).

Ces documents nous permettent de penser que Dom Huynes se sentit attiré de l'abbaye de Redon vers celle du Mont Saint-Michel par la présence du prieur Dom Michel Pirou, qui avait reçu ses vœux monastiques.

Bientôt il en devint sacriste, et gardien des archives et du trésor ; enfin, il eut la mission de montrer les saintes reliques et e monastère aux visiteurs étrangers. Ces fonctions, toutes modestes qu'elles fussent, lui imposaient le devoir de connaître la sainte montagne dans ses plus secrets détails historiques. Il im-

---

(1) *Hist. générale du mont Saint-Michel*, fol. 115, v°.

(2) Chronica ex variis manuscriptis Montis Sancti Michaelis, a fratre Joanne Huynes, confecta, fol. 156, v°.

(3) *Hist. générale*, fol. 116, r°. — Fol. 157, r°.

portait au cicérone d'en savoir les annales mieux que personne de son temps et ces annales faisaient défaut. Dom Huynes se mit donc à l'œuvre et ses aptitudes d'investigation trouvèrent bientôt une satisfaction complète. Comme gardien des archives, il n'avait plus qu'à lire et qu'à coordonner ensuite les matériaux. Il réussit fort bien dans son entreprise de chroniqueur, et, dans une lettre que nous transcrivons plus loin, il nous apprend que les encouragements lui furent prodigués par ses supérieurs et particulièrement par le R. P. prieur, Dom Bernard Jeuardac.

Quelques années plus tard, élu lui-même prieur, mais dans l'abbaye de Saint-Florent de Saumur, en Anjou, Dom Jean Huynes quitta le Mont Saint-Michel, vers 1640. Dès 1643, il se mit à réunir les documents nécessaires pour un second ouvrage, qui devait contenir une histoire complète de son nouveau monastère. Son travail fut achevé en 1647; il y avait consacré quatre années entières.

De Saint-Florent, il fut appelé vers 1648 à Saint-Germain-des-Prés, l'abbaye *par excellence*, ainsi qu'on le disait autrefois sans autre désignation de cet illustre monastère mérovingien, fondé au milieu du VI⁰ siècle, par le fils du roi Clovis. Ses supérieurs, qui appréciaient la valeur de ses œuvres, y désiraient son précieux concours pour la classification méthodique des magnifiques archives de cette maison signalée entre toutes. Dom Huynes y entreprit de plus un pouillé général de tous les bénéfices de France. Mais la mort vint l'atteindre bientôt, le 18 août 1651, alors qu'il n'était âgé que de 42 ans.

Dom Tassin s'exprime à ce sujet dans les termes suivants : « Dom Jean Huynes avait le dessein de faire un pouillé général » des bénéfices de France sur les titres originaux, mais il lui » aurait fallu une vie plus longue. Il était occupé à mettre en » ordre les archives de Saint-Germain-des-Prés, lorsqu'il tomba » malade le jour de l'Assomption de la Vierge. Trois jours après, » le 18 août 1651, il cessa de vivre, ou comme s'expriment nos » mémoires, il cessa de travailler. Il fut universellement regretté » de tous ses confrères qui perdirent en lui un modèle accompli » de toutes les vertus chrétiennes et religieuses (1). »

---

(1) *Hist. littér. de la Congrég. de Saint-Maur*, p. 57.

Le nécrologue de l'abbaye de Saint-Germain complète l'indication de Dom Tassin en faisant connaître le lieu de sépulture du regrettable défunt. « L'an 1651, le vendredy 18e d'aoust,
» mourut en ce monastère le Père Dom Jean Huynes, prestre et
» religieux profez de notre congrégation. Son corps est enterré
» dans la nef de la grande chapelle de Nostre Dame, à main
» droiste, entrant vers le bas d'icelle, où se voit une pierre sur
» laquelle est gravée :

18

AOUST

1651 (1). »

Telle a été la brève existence de cet excellent religieux. Examinons et jugeons maintenant son œuvre.

1° HISTOIRE GÉNÉRALE DE L'ABBAYE DU MONT SAINT-MICHEL AU PÉRIL DE LA MER.

La Bibliothèque Nationale de la rue Richelieu, à Paris, possède deux manuscrits de cette histoire : tous deux sont autographes et écrits en entier de la main de Dom Huynes. Ils sont classés dans le fonds français ; l'un sous le n° 18946, l'autre sous le n° 18947. Le premier renferme le texte arrêté par l'auteur en 1638, tandis que le second, plus complet, nous offre le texte remanié et augmenté par lui, au cours de l'année 1640 et presque aux dernières heures de son existence. Car Dom Huynes, même longtemps après son départ du Mont Saint-Michel, et alors qu'il était à Saint-Germain, s'occupait encore d'améliorer son travail auquel il avait cependant consacré cinq longues années. Ainsi, le dernier de ces deux manuscrits renferme de nombreuses et importantes additions, écrites à Paris. L'une d'elles est relative au prieur Dom Huillard, et à peu près deux mois avant sa mort, il transcrivait, à la suite de son récit, un mandement d'Henri V, roi d'Angleterre et de France, délivré au profit de l'abbé Robert Jolivet. Cette copie se terminait par la mention ci-après, qu'il nous

---

(1) *Nécrologie de l'abb. de Saint-Germain-des-Prés*, bibl. nat., mss. français, n° 18681, in-f°, p. 5.

a paru intéressant de reproduire : « Faict par moy soubssigné ce
» 3° jour de juin, samedy des quatre temps aprés la Pentecoste
» mil six cent cinquante et un. Signé, Frère Jean Huynes, moyne
» bénédictin, estant de présent en l'abbaye de Sainct Germain
» des Prés lez Paris. »

Ces deux manuscrits sont donc bien incontestablement de
Dom Huynes. C'est sans doute parce qu'il avait tenu à les con-
server auprès de lui pour les retoucher, et qu'il les avait encore
au moment de sa mort, aussi bien que ses autres compositions
dont nous allons parler, que ces deux volumes n'ont été renvoyés
ni au mont Saint-Michel, ni à Saint-Florent. Ils sont restés à la
bibliothèque de Saint-Germain-des-Prés, et de là, ils sont passés
à la Bibliothèque nationale et sont devenus propriété de l'Etat, à
la dissolution des monastères.

Bien certainement, lorsque les moines du Mont voulurent les
réclamer, ces deux manuscrits leur furent refusés. Mais l'œuvre
ne fut pas entièrement perdue pour eux, car, soit qu'on leur en
ait adressé une copie, soit que l'un des religieux ait été envoyé à
Saint-Germain-des-Prés pour la faire lui-même, on trouve à
Avranches (1) un nouveau manuscrit dont le titre est celui-ci :
« Histoire de la célèbre abbaye du Mont Saint-Michel au péril
» de la mer, divisée en cinq parties : le tout recueilli des anciens
» titres, chartes et pancartes de cette abbaye, par un religieux
» bénédictin de la congrégation de Saint-Maur. Nota : l'auteur
» est Frère Jean Huynes, natif de Beauvais. Il fit profession à
» l'âge de 21 ans, au monastère de Saint-Sauveur de Rhedon,
» le 21 may 1630. Il composa son histoire en 1638 et mourut
» en l'abbaye de Saint Germain des Prez, le 18 août 1651. Dom
» Louis De Camps, religieux de la mesme congrégation, a trans-
» crit la présente histoire, où il n'a changé que quelques
» phrases, sans altérer l'essentiel de l'histoire. »

C'est sur ces affirmations, que l'on avait cru sincères, que
jusqu'ici l'on avait connu et jugé constamment l'œuvre de Dom

______

(1) Catalogue de la bibliot. d'Avranches, mss. n° 22 de l'ancien catalogue et
n° 209 du nouveau, mss. de 200 pages d'une écriture fine et irrégulière, prove-
nant de la bibliothèque de l'ancienne abbaye du mont Saint-Michel.

Huynes. Elles étaient cependant bien loin d'être exactes, ainsi que l'a démontré tout récemment un critique fort judicieux, fort expert et d'un grand talent, auquel nous avons nous-même fait de nombreux emprunts. En effet, Dom Louis De Camps est tout autre chose qu'un copiste, c'est un auteur travaillant pour son propre compte, avec sa physionomie et son originalité toutes personnelles.

Dom De Camps a pu avoir au début l'intention de se borner à reproduire textuellement l'œuvre de son devancier; mais bientôt il a abandonné ce rôle désintéressé et il a travaillé sous sa propre impulsion. Il est aisé de reconnaître que l'œuvre primitive a été l'objet d'un remaniement général. Aussi, quand on compare les divers manuscrits entre eux, des différences notables peuvent être appréciées. On ne doit pas perdre de vue d'un autre côté que Dom de Camps écrivait en 1664, près de trente ans après son devancier, et que bien des événements d'une haute importance s'étaient accomplis depuis cette époque. La grande pensée de Richelieu et les guerres de la Fronde entre autres, avaient modifié étrangement les esprits. Le courant des idées nouvelles s'était fait jour jusque sous les cloîtres, et Dom De Camps lui-même n'avait pu s'en défendre en subissant quelque peu l'influence de son temps. D'ailleurs, au Mont Saint-Michel, l'ardeur des pèlerinages s'était bien ralentie, et à la simplicité de la foi avait succédé un esprit de critique moins disposé à accueillir tous les récits miraculeux.

Sous la plume de Dom De Camps, la composition de Dom Huynes a donc beaucoup perdu de son cachet. Chose étrange cependant, puisque tous les passages dont les historiens postérieurs se sont emparés, pour les publier d'après le manuscrit de De Camps, appartiennent exclusivement à Dom Huynes. C'est à lui que sont empruntées toutes les réflexions piquantes, toutes les expressions imagées, toutes les critiques qui ont été plus tard mises en lumière. C'est ainsi à travers la transcription de De Camps que celui-ci est arrivé à la notoriété. En un mot, sous les garanties de l'annotateur, dont nous avons copié la suscription, les historiens modernes ont toujours cru et M. Marchegay (1),

---

(1) Archives d'Anjou, *Rech. sur les cartulaires de l'Anjou*, p. 230.

BIBLIOTHÈQUE — DELISLE BORNEAU

comme les autres, que le manuscrit de la Bibliothèque d'Avranches était parfaitement et sans contestation aucune transcrit d'après Dom Huynes lui-même.

Tous les écrivains locaux ont, du reste, fait des emprunts à ce savant religieux qui le premier a écrit l'histoire générale de son abbaye, et qui a inauguré une longue liste d'annalistes qui se sont plus ou moins copiés les uns les autres. Disons plus, c'est que tout ce qui tient au récit des faits a été à peu près reproduit d'après Dom Huynes, par ceux qui ont composé des monographies de l'illustre merveille de l'occident.

L'auteur de la meilleur étude publiée sur le Mont Saint-Michel, M. Edouard Le Hérichet, l'a reconnu dans les termes les plus positifs : « Les principaux éléments de cette histoire, nous dit-il, » sont la vie des abbés, leurs œuvres spirituelles et monumen- » tales, leurs acquisitions, les donations, les miracles, les pèle- » rinages, les événements militaires que nous essaierons d'unir » en un seul corps de récit, appuyé sur Dom Huynes, son » historien le plus complet (1). »

2° HISTOIRE GÉNÉRALE DE L'ABBAYE DE SAINT-FLORENT-LEZ-SAUMUR.

La Bibliothèque Nationale renferme un manuscrit de cette histoire de Saint-Florent, écrit en entier de la main de Dom Jean Huynes. C'est celui que l'auteur avait conservé devers lui, qui fut après sa mort déposé à la bibliothèque de Saint-Germain-des-Prés et qui est ainsi décrit dans l'histoire littéraire de la Congrégation :

« Dom Huynes composa sur les titres originaux l'histoire de » Saint-Florent, dont MM. de Sainte-Marthe se sont servis dans » leur Gallia Christiana, en 4 volumes. Son manuscrit est » intitulé : Historia hujus abbatiæ (Sancti Florentii), ex vetustis » monumentis, tabulis atque diplomatibus, auctore Dom » Joanne Huynes, Sancti Florentii, congregationis Sancti Mauri, » priore. Cette histoire que l'auteur a finie en 1647, est con-

---

(1) M. Ed. Le Hérichet, Avranchin, mon. et hist., t. II, p. 213.

» servée dans l'abbaye de Saint-Germain et dans celle de Saint-
» Magloire (1), entre les manuscrits de MM. de Sainte-Marthe (2). »

Ce volume in-4°, de 492 feuillets est classé au catalogue, fonds
Français, n° 19862, Bibliothèque Nationale. Il doit être le plus
complet de ceux qui traitent de l'histoire de l'abbaye de Saint-
Florent de Saumur.

Un second exemplaire, autographe également, existe aux
Archives de la Préfecture de Maine-et-Loire, à Angers. Il est
aussi dans le format in-4° et comprend 450 feuillets. Il provient
assurément du riche chartrier de l'abbaye de Saint-Florent.
M. Marchegay, alors conservateur des Archives de Maine-et-
Loire, en s'expliquant au sujet de cette importante composition,
en a défini le caractère :

« Dom Huynes s'était déjà fait connaître par une histoire de
» l'abbaye du Mont Saint-Michel, dont le manuscrit est conservé
» à la bibliothèque d'Avranches (3), lorsqu'il fut chargé de faire
» celle de Saint-Florent. On ignore à quelle époque il a com-
» mencé ce dernier travail (4), mais il est à peu près certain
» qu'il l'avait terminé en 1646 ou 1647 (5). L'immense quantité
» de pièces qu'il a fallu traduire, ou analyser, le soin minutieux
» qui a présidé à l'examen des titres, la compilation des faits et
» la rédaction du texte ont dû exiger de longues années, quoique
» l'historien ait déployé le plus grand zèle et n'ait été détourné
» de son œuvre par aucune des préoccupations qui de nos jours
» portent un si grave préjudice aux fortes études. Tout ce que
» Saint-Florent possédait de manuscrits a passé sous les yeux de
» Dom Huynes, et l'on trouve des notes de sa main sur la plupart
» de ceux qui appartiennent aux Archives de Maine-et-Loire.
» Son histoire forme un volume in-4° de plus de 450 feuillets.

---

(1) Cet exemplaire doit être perdu ou égaré.
(2) *Hist. littér. de la Congrég. de Saint-Maur*, p. 57.
(3) Nous avons déjà dit que c'est là une erreur. Le mss. dont il s'agit est de
Dom De Camps, mais il contient de nombreux passages transcrits d'après Dom
Huynes.
(4) Nous savons que c'était dès l'année 1643 et Dom Huynes lui-même nous
dit qu'il y avait consacré quatre années. *Hist. gén. de Saint-Florent*, fol. 477,
mss. de la Bibliot. nat., fonds Français, n° 19862.
(5) Cette dernière date est celle fixée par Dom Tassin. *Hist. littér. de la
Congrég. de Saint-Maur*, p. 57.

» Elle s'étend depuis la fondation du monastère, au vi^e siècle,
» jusqu'à la nomination du cardinal Mazarin, comme chef de
» l'abbaye, en 1651. En tête de son manuscrit, Dom Huynes a
» copié différentes pièces, entre autres le missel de Saint-Flo-
» rent, la liste des abbés, celle des supérieurs de la Congréga-
» tion bénédictine de 'France, et divers autres documents
» empruntés au livre noir et au livre rouge de l'abbaye de
» Saint-Florent. On ne saurait trop proclamer l'importance de
» cet ouvrage pour les faits généraux, comme pour les détails et
» les particularités. Les personnes qui veulent étudier les anti-
» quités de l'Anjou, y trouveront des matériaux précieux en
» cherchant les articles consacrés aux prieurés que Saint-
» Florent possédait dans les diocèses d'Angers, de Poitiers et de
» Maillezais (1). »

Un troisième exemplaire du même ouvrage se trouve à la
Bibliothèque de la ville d'Angers. Il porte le n° 769 du
catalogue des manuscrits rédigé avec tant de sollicitude par
M. Albert Lemarchand et il est indiqué sous cette rubrique à la
classification de l'Histoire Ecclésiastique :

« Manuscrit, in-f°, sur papier, du xviie siècle.
» Du cabinet de M. Toussaint Grille, 431 feuillets.
» Copie complète, et écrite avec beaucoup de soin, d'un vaste
» travail dont l'original est aux Archives de la Préfecture de
» Maine-et-Loire. L'ouvrage de Dom Huynes, qui s'arrête à
» l'an 1628 (2), est inédit. — Au commencement du volume
» sont les armes de l'abbaye de Saint-Florent. »

Nous avons remarqué aux gardes deux suscriptions intéres-
santes :

« Je soussigné, desservant de Saint-Florent, reconnais et déclare
» céder et transporter à M. Papin, propriétaire à Saumur, la pro-
» priété du présent manuscrit de Dom Huynes, contenant l'histoire
» de la vie de Saint-Florent. — A Saint-Florent, le 1er octobre 1813.
» Signé : P. P. LEGER, desservant de Saint-Florent. »

____

(1) Archives d'Anjou, recueil publié par M. Paul Marchegay, *Recherches sur
les cartul. de l'Anjou*, p. 230.

(2) Ce doit être ici une erreur d'impression : la date serait plus exactement
celle de 1648. Le mss. de la Bibl. nationale s'arrête à l'année 1651.

« Je soussigné, propriétaire du présent manuscrit de la vie de
» Saint-Florent, par Dom Huynes, en vertu de la cession qui
» m'en a été faite par M. Léger, reconnais et déclare céder et
» transporter à M. Grille, bibliothécaire de la ville d'Angers,
» la propriété du manuscrit, dont s'agit. — A Saumur, le
» 12 avril 1814. Signé : PAPIN. »

Dans ce livre, qui débute par la vie de saint Florent, confesseur, Dom Jean Huynes s'adressait au lecteur dès le premier
feuillet :

« Car vous devez tenir pour certain que je ne fais icy l'office
» de devin, ny de conteur de fables, mais de l'historien domes-
» tique, et que je n'écrirai rien dont je n'aye bon garant. »

L'histoire de l'abbaye de Saint-Florent a pour l'Anjou une
valeur telle que nous regardons comme indispensable, dans cette
étude que nous voulons faire aussi complète que possible, de
donner ici le catalogue des chapitres qui la composent. C'est à
nos yeux le plus sûr moyen de faire valoir tout le mérite de
l'auteur et de faire bien comprendre le labeur immense dans
lequel il s'était engagé.

HISTOIRE GÉNÉRALE DE SAINCT FLORENT LEZ SAUMUR.

I. — La vie de sainct Florent, confesseur, écrite en
l'année 1647 et années suivantes.

II. — Compendium historiæ abbatiæ Sancti Florentii primo
in Monte Glonna, tum in Salmuriensi castro, postremo prope
Salmurium in Andegavensi pago.

III. — Nomina abbatum Sancti Florentii in Salmuro castro.

IV. — Bénéfices dépendants de l'abbaye de Sainct Florent
lès Saumur, ordre de Sainct Benoist, en le diocèse d'Angers.

V. — Officium Sancti Florentii ex breviariis, antiphonariis,
lectionariis et aliis antiquis manuscriptis ejusdem abbatiæ trans-
criptum et ad formam monasterii redactum.

VI. — La vie de sainct Florent, selon que la fit mettre l'abbé
Jacques Leroy, sur les tapisseries pour tendre autour du chœur.

VII. — Délivrance de l'âme de Thibault, comte de Blois,

fondateur du monastère du chasteau de Saumur, des esprits malins par sainct Florent.

VIII. — Les noms des abbés de Sainct Florent de Saumur.

IX. — Succession des supérieurs généraux de la congrégation de Sainct Maur, en France, depuis son commencement.

X. — Histoire générale de l'abbaye de Sainct Florent léz Saumur. — Après la vie de sainct Florent, sont des notices sur chacun des abbés de l'abbaye de Sainct-Florent. — Ce dernier chapitre comprend 383 feuillets.

XI. — Un chapitre est intitulé manifeste par le jugement de l'eau chaude que le bois estant en Sainct Lambert et en Sainct Martin de la Place, appartenait à Sainct Florent.

La postface de cette histoire de l'abbaye de Saint-Florent se conclut en ces termes :

« Tout ce que dessus, touchant la vie de sainct Florent, le
» commencement de l'abbaye en Sainct Florent le Vieil, la con-
» tinuation au chasteau de Saumur et finalement près Saumur,
» soit dit à la plus grande gloire de Dieu, et proffit du lecteur,
» n'y ayant rien mis qu'après avoir pensé longuement, appuyé
» sur autant de bons témoignages qu'il m'a esté possible et sur
» une attentive lecture des archives l'espace de quatre ans,
» outré ce que j'ay veu moy mesme. Signé : frère HUYNES,
» moyne bénédictin de la congrégation de Saumur (1). »

3° ÉTAT GÉNÉRAL DES BÉNÉFICES DE FRANCE.

Cet ouvrage de Dom Huynes a dû rester à l'état d'ébauche, puisqu'il était occupé à en rassembler les documents, lorsqu'il mourut en 1651. Il forme 2 volumes in-folio, n°s 11813 et 11814, du fonds Latin de la Bibliothèque Nationale.

C'était une entreprise difficile et ardue ; elle avait exigé de sa part une vaste correspondance, et il avait eu souvent à lutter contre l'ignorance, la mauvaise volonté ou l'apathie de ceux auxquels il était forcé de s'adresser.

(1) Fol. 428, r°, du mss. 769 de la Bibl. d'Angers, et fol. 477 du mss. 19862 de la Bibl. nationale.

Une lettre de sa main, que l'on rencontre dans le manuscrit 11813, au folio 300, est de nature à faire connaître les difficultés incessantes auxquelles il venait sans cesse se heurter, en même temps que les soins d'exactitude rigoureuse dont il fut toujours préoccupé. « Monsieur, dit-il, j'ay reçu le catalogue des
» bénéfices de l'abbaye de Solignac ; mais assez mal escrit et sans
» les circonstances que leur visiteur a eu ordre de leur dire.
» 1° Ils mettent les noms en français et on les avait demandé
» aussy en latin.
» 2° Ils les distinguent par archiprieurey ; je croy qu'ils veu-
» lent dire archipreverez, et il y a différence de l'un à l'autre.
» 3° On ne peut dire s'y a Dannede ou Daunede et ainsy
» d'autres mots où sont ces lettres : N, U, S, etc. etc. Signé :
» Jean HUYNES.

Telle est l'œuvre laissée par le bénédictin Dom Huynes, dans son entier.

On le voit, elle est immense et d'un prix incontestable au point de vue de l'histoire. Elle est conçue, du reste, dans une pensée et dans un esprit exclusivement religieux, comme la plupart des compositions sorties des mains de l'ordre des Bénédictins, et qui ont élevé si haut la réputation de cette illustre congrégation. Ses sentiments de piété sont même parfaitement caractérisés dans une lettre adressée par lui, le 23 avril 1639, aux révérends supérieurs de l'ordre et congrégation de Saint-Benoît, réunis alors à Vendôme, aussi bien que dans sa dédicace de son livre sur le Mont Saint-Michel, aux anges bienheureux et surtout dans son avertissement aux pèlerins et lecteurs, si simple et si pieux en même temps. La lecture de ces diverses pièces, dont nous omettons la dernière à dessein, parce qu'elle est un peu longue et étrangère à l'Anjou, achèvera de faire connaître Dom Huynes et son but.

*1. — Lettre aux **RR. PP.** Supérieurs de la Congrégation.*

« C'est pourquoy, n'estant tel (docte), j'ay taché à le devenir
» selon mon petit moyen ; et de ce que dessus, vous voyez, mes
» Révérends Pères, que ce n'est sans suject que je me suis

» adcnné à la recherche de l'histoire de cette abbaye, puisque
» quelques-uns d'entre vous m'ont mis en une charge où il
» m'est nécessaire d'en respondre aux pelerins, lesquels, mais
» particulièrement mon R. P. prieur Dom Bernard Jeuardac,
» m'ont meu à passer plus outre et à composer cet escript que
» je soubmets entièrement à vos censures, vous suppliant de
» croire que je n'y ay rien mis dont je n'aye esté bien asseuré
» autant qu'humainement il m'a esté possible. Que si vos révé-
» rences jugent que quelques cahyers d'iceux méritent de voir
» le jour (1), je croy que plusieurs pelerins en seront très
» contens et prendront de là sujet de louer Dieu de ce qu'il luy
» a plust opérer tant de miracles en ce mont, pour l'exaltation
» de son Saint Archange et le salut des mortels (2). »

2. — *Invocation aux anges bienheureux.*

« Soyez, je vous prie, ô esprits célestes, conducteurs de ceste
» même entreprise et guidez tellement mon esprit et ma plume
» qu'en tout ce que j'escriray, je ne m'esloigne nullement de la
« vérité ! »

Cependant, malgré tous leurs mérites, a dit M. Marchegay, les
travaux de Dom Jean Huynes n'ont pas obtenu de nos devanciers
autant de faveur que d'autres du même genre, aujourd'hui com-
plètement oubliés.

Un bénédictin de Saint-Germain-des-Prés se plaignait avec
juste raison de cette négligence, dès l'année 1678. « Les reli-
» gieux, écrivait-il, ne font pas assez de cas de cette histoire
» qui est belle, exacte et pleine de critique contre la Gallia
» Christiana de Robert. » Depuis, ces compositions n'ont pas
été mieux traitées. Non contents de les laisser dans l'oubli, les
moines de Saumur ne se sont même pas occupés de la conser-
vation matérielle de son histoire de Saint-Florent (3).

---

(1) Nous avons vu que ce vœu ne fut pas exaucé.
(2) *Hist. générale*, fol. 2, v°.
(3) *Archives d'Anjou*, par M. Paul Marchegay, p. 230.

Mais disons-le bien vite, ces vifs reproches que les contemporains de Dom Huynes ont pu mériter, et qui ont pu être renouvelés deux siècles durant, ne se répéteront plus désormais, du moins en partie, car le temps de la réparation est venu enfin pour cet historien sévère, consciencieux et qui mérite toute la confiance des hommes les plus scrupuleux. Non-seulement M. Paul Marchegay a, dès 1843, publié quelques extraits de l'histoire de l'abbaye de Saint-Florent et entre autres deux passages intitulés, l'un : *Les Reliques de saint Florent* (1) ; l'autre : *L'abbé du Roi et l'abbé des Moines* (2) ; non-seulement, à son exemple, son savant successeur dans la direction des archives de Maine-et-Loire, M. Célestin Port, sous le titre de *Pillage de l'abbaye de Saint-Florent, près Saumur en 1562,* a édité dans la *Revue de l'Anjou* (3), un troisième fragment de cette même histoire de ce même monastère (4); non-seulement M. d'Espinay, conseiller à la cour d'appel d'Angers, si compétent en pareille matière a récemment rendu un juste hommage à la science si vaste et si profonde de Dom Huynes, dans ses *Etudes archéologiques sur l'Anjou* (5) ; mais encore, nne réunion de savants, qui s'est formée dans une province voisine, sous le titre de Société de l'histoire de Normandie, vient de livrer à ses souscripteurs empressés l'*Histoire* générale, entière et complète *du Mont Saint-Michel au péril de la mer.* M. Eugène de Robillard de Beaurepaire, conseiller à la cour d'appel de Caen, a été chargé de ce soin et il s'en est acquitté avec un zèle digne des plus grands éloges. Son premier volume sorti des presses de M. Lebrument, libraire de la Société, à Rouen, porte la date de 1872 et le deuxième volume a paru tout récemment.

Espérons donc que l'histoire de l'abbaye de Saint-Florent de

---

(1) *Archives d'Anjou,* par P. Marchegay, 1843, comprenant 22 pages in-4°, mss. de la Préfecture d'Angers, fol. 324 et suivants.

(2) *Archives d'Anjou,* 1843, comprenant 30 pages in-4°, mss. de la Préfecture d'Angers, fol. 354 et suivants.

(3) Année 1868, tome Ier de la collection nouvelle, page 262.

(4) D'après les fol. 374 à 377 du mss. des Archives départementales.

(5) L'abbaye de Saint-Florent, de Saumur, dans la *Revue de l'Anjou,* 7° année, 1877, mois de mai et de juin, t. XIV, p. 264 et 325.

Saumur, qui n'est connue qu'imparfaitement par les divers extraits indiqués ci-dessus, viendra, elle aussi, enrichir les bibliothèques Angevines, dans un avenir très-prochain.

Elle est digne à tous égards du même succès que l'histoire de l'abbaye du Mont Saint-Michel, et comme celle-ci, elle se distingue par les mêmes qualités d'investigations et de critique. Dom Huynes est, en effet, un écrivain consciencieux jusqu'au scrupule, exact jusqu'à la minutie et d'une absolue sincérité. Ce sont là des vertus qui de notre temps sont assez rares pour être d'autant plus appréciées et admirées davantage.

Qu'en Anjou l'on se rappelle toute la confiance qu'excite, chez ceux qui contemplent chaque jour les merveilles du Mont Saint-Michel, la lecture de l'histoire de Dom Jean Huynes, qui est encore la meilleure que l'on possède aujourd'hui. Que l'on n'oublie pas surtout les paroles récentes et émues de l'un de ses plus fervents admirateurs et qui s'appliquent parfaitement bien aussi aux œuvres Angevines du prieur de Saint-Florent, dont la modestie eût été grandement touchée si jamais il les eût entendues à ses oreilles, car un tel éloge lui eût fait oublier de bien nombreuses déceptions.

« Nous nous plaisons à apprécier ici ce bon chroniqueur
» auquel nous devons tout ; ce moine enthousiaste de son
» monastère, défenseur de ses priviléges, qui écrivait au
» XVIIe siècle avec le style du moyen âge, quelquefois avec la
» grâce de la poésie ; et qui composa son histoire avec cette
» affection patiente des érudits amoureux de leur sujet, au milieu
» des trésors de ce chartrier, qui ouvrait sur l'admirable cloître
» de l'abbaye, rapprochement qu'explique la double nature du
» livre de Dom Huynes, œuvre d'érudition exacte, œuvre de
» piété et de poésie (1). »

(1) M. Edouard Le Hérichet, *Avranchin monumental et historique*, t. II, p. 188.

HIPPOLYTE SAUVAGE.

(Extrait de la Revue d'Anjou.)

Angers, imp. E. Barassé. — Germain et G. Grassin, successeurs.

www.ingramcontent.com/pod-product-compliance
Lightning Source LLC
Chambersburg PA
CBHW051456060726
47596CB00006B/2796